Inhalt

Luftfahrt in der Krise - Was tun, wenn die Passagiere ausbleiben?

Kernthesen

Beitrag

Fallbeispiele

Zahlen und Fakten

Weiterführende Literatur

Impressum

GENIOS BranchenWissen Nr. 04/2009 vom 20.04.2009

Luftfahrt in der Krise - Was tun, wenn die Passagiere ausbleiben?

Autor GENIOS BranchenWissen: I.Zeilhofer-Ficker

Kernthesen

- Die Luftfahrt wurde von der aktuellen Weltwirtschaftslage in die schlimmste Krise seit rund 50 Jahren geworfen.
- Das Passagier- und Frachtaufkommen sinkt von Monat zu Monat, und immer mehr Fluggesellschaften melden Verluste. Vor allem das gewinnträchtige Premium-Segment bleibt immer öfter leer.
- Gewinner in der Krise sind einige Billigfluggesellschaften, die mit ihren günstigen Preisen Geschäftsleute in ihre Maschinen locken, denen Ausgabenkürzungen verordnet worden sind.

- Auch die Deutsche Lufthansa überraschte mit einem operativen Gewinn von 1,34 Milliarden Euro für das Geschäftsjahr 2008 und prognostiziert für das laufende Jahr erstaunlich positive Zahlen.

Beitrag

Fluggesellschaften profitieren traditionell überproportional von einer günstigen Wirtschaftslage, sie sind allerdings ebenso überproportional von schlechten Bedingungen betroffen. Dies zeigt sich in der aktuellen Krise ganz auffallend: selbst die Großen der Branche wie Air France/KLM oder British Airways melden Verluste in dreistelliger Millionenhöhe. Viele kleinere Airlines wird es wohl nach der Krise gar nicht mehr geben...

Rückläufige Passagier- und Frachtzahlen und Verluste über Verluste

Noch vor einem Jahr erwartete die weltweite Luftfahrt Rekordergebnisse und wähnte sich endlich im Aufwind nach den diversen Krisen wie Golfkrieg, SARS und Terroranschlägen. Doch leider kam es ganz anders als geplant. Die Weltwirtschaftskrise, die zum Ende des Sommers 2008 bereits ihre Schatten voraus warf, stürzte die Branche in die heftigste Krise seit mindestens 50 Jahren. Nicht nur das Frachtaufkommen befindet sich im freien Fall (20 Prozent weniger Frachten im Vergleich zum Vorjahresmonat sind schon die Regel geworden), auch die Passagiere bleiben zum Großteil aus. Rigorose Sparpakete vieler Unternehmen verbieten Flugreisen entweder ganz oder schreiben zumindest vor, dass nur in der günstigen Economy-Klasse geflogen werden darf. Auf innereuropäischen Flügen gibt es mittlerweile kaum noch Passagiere in der Business Klasse und selbst bei Interkontinental-Flügen bleiben ganze Sitzreihen in den Premium-Klassen leer. Dabei bringen gerade die Kunden in der ersten und der Business-Klasse die Gewinne. (1), (2)

Hohe Kerosinpreise im letzten Jahr verursachten Kosten, die so nicht erwartet worden waren. Der Luftfahrtverband IATA rechnet deshalb mit einem weltweiten Verlust von 8,5 Milliarden Dollar für das Jahr 2008. Trotz mittlerweile wieder gesunkener Ölpreise ist der Ausblick für das laufende Jahr nicht wesentlich besser: 4,7 Milliarden Dollar wird der Gesamtverlust betragen, der Umsatz um zwölf Prozent auf 467 Milliarden Dollar sinken. Und dabei geht die IATA nur von einem Passagierrückgang um 5,7 Prozent aus eine höchst optimistische Schätzung wenn man bedenkt, dass in den ersten drei Monaten des Jahres 2009 im europäischen Durchschnitt jeweils rund elf Prozent weniger Passagiere als im Vorjahr gezählt wurden. (1), (2), (3), [Abb.1]

Und es sind nicht nur die kleinen Airlines, die ums Überleben kämpfen. Die österreichische Austrian Airlines Verlust in 2008 475 Millionen Euro hofft auf eine baldige Genehmigung der EU für die Übernahme durch die Lufthansa. Europas größte Fluggesellschaft Air France/KLM rechnet mit einem operativen Verlust von 200 Millionen Euro für das am 31. März 2009 zu Ende gegangene Geschäftsjahr. British Airways erwartet Verluste in Höhe von 150 Millionen Englischer Pfund für den gleichen Zeitraum. (4), (5), (6)

Neben Europa mit prognostizierten Verlusten von insgesamt einer Milliarde Dollar in 2009 sind die asiatischen Fluggesellschaften extrem schwer betroffen. Allein in Indien sind die Passagierzahlen um 22 Prozent gesunken. 1,5 Milliarden Dollar Verluste werden dort erwartet. Selbst ehemalige Vorzeige-Airlines wie die Singapore, Cathay oder Quantas schreiben rote Zahlen. Obwohl die amerikanischen Fluggesellschaften durch Sparmaßnahmen und Kapazitätsanpassungen in den vergangenen Jahren relativ gut dastehen, leiden auch sie unter extremem Passagierrückgang. Trotzdem erwartet man auf dem amerikanischen Kontinent ein positives Ergebnis von 100 Millionen Dollar für das laufende Jahr. (7), (8)

Maßnahmen zum Überleben

Kapazitätsanpassungen

Kapazitätsanpassungen, Strecken- und Yieldmanagement ist für die Fluggesellschaften heute überlebenswichtig geworden. Kaum eine Airline hat nicht schon unprofitable Strecken ganz geschlossen oder die Häufigkeit von manchen Flügen reduziert. Für schlecht ausgelastete Flugstrecken werden kleinere, zu gut gebuchten Zielen größere Maschinen eingesetzt. Wohl dem, der mit entsprechendem Fluggerät wirklich flexibel sein kann. Die Saisonplanungen werden so kurzfristig wie möglich durchgeführt, um Nachfrageänderungen zu entsprechen. Zudem werden immer mehr Stimmen laut, die von den EU-Behörden eine Aufweichung der Slot-Regeln fordern, damit Streckenrechte auch dann behalten werden können, wenn sie eine Weile nicht genutzt werden. Bis dahin helfen ausgeklügelte Computerprogramme die Großvaterrechte zu erhalten. (9)

Im Pauschalurlaubsbereich wird versucht, durch die Reduzierung des Flugangebotes die Preise stabil zu halten. Zwischen zehn und 15 Prozent der Flugkapazitäten sind bereits vom Markt genommen worden und weitere Kürzungen sind zu erwarten. Für den Urlauber heißt das, sich auf geänderte Flugzeiten oder Fluggesellschaften, ja im schlimmsten Fall sogar auf andere Abflughäfen oder Abflugtage einstellen zu müssen. Vor allem auf den Fernstrecken wurde schon kräftig ausgedünnt, sodass man hier oft nur noch mit komplizierten Umsteigeverbindungen ans Urlaubsziel kommt. (10)

Da die Premium-Plätze schlecht verkauft werden können, sind einige Gesellschaften dazu übergegangen, die Business-Klasse zu verkleinern und dafür eine Premium-Economy zu schaffen. Diese aufgewertete Holzklasse bietet einen etwas größeren Sitzabstand und meist besseren Service, entspricht preislich aber den strikten Sparvorgaben für so manchen Geschäftsreisenden. Und auch der Urlaubsreisende freut sich über mehr Komfort zum erschwinglichen Preis. (12)

Viele Maschinen bleiben indessen ganz am Boden und werden zumindest vorübergehend - auf so genannten Boneyards (=Friedhöfe) eingemottet. Im Laufe des Jahres 2008 wurden 630 Maschinen irgendwo in der Wüste abgestellt, weil sie momentan nicht gebraucht werden. Fraglich ist, ob die vielen geplanten Neuauslieferungen überhaupt abgenommen und in den Dienst gestellt werden können. Denn die Banken sind mit der Kreditvergabe zurzeit ja sehr zurückhaltend. (11)

Damit die noch fliegenden Maschinen besser ausgelastet werden, geht so manche Airline mit Kampfpreis-Angeboten an die Kunden heran. Die USA ist sind für 349 Euro zu haben und Peking für 509 Euro. 99 Euro innereuropäisch hin und zurück versteht sich ist schon fast Standard geworden. Ob diese Preise allerdings noch kostendeckend sind, mag bezweifelt werden. (9), (14), (17)

Konsolidierung

"Synergien heben" ist zum beliebten Schlagwort für Airline-Manager geworden. Beim Zusammenschluss von Swiss und Lufthansa ist dies gut gelungen und auch Air France und KLM haben die anfänglichen Schwierigkeiten ihres Zusammenschlusses überwunden. Bedrohte kleinere Fluglinien hoffen deshalb auf die Zauberrettung durch Zusammenschlüsse und Übernahmen. Austrian Airlines wurde bereits erwähnt, auch die britische

BMI und die belgische Brussels sollen und wollen unter das Dach der profitablen Lufthansa schlüpfen. Alitalia erhofft sich von der Beteiligung von Air France/KLM Vorteile am Markt und zwischen der spanischen Iberia und British Airways gibt es schon seit Jahren Verhandlungen und Übernahmegerüchte. Die kriselnde Air Berlin hat es kürzlich geschafft, eine Über-Kreuz-Beteiligung mit der TUIFly zu vereinbaren, die zu einer besseren Ausnutzung der Fluggeräte beider Gesellschaften führen soll. (13), (14), (15)

Sonstige Sparmaßnahmen

Hört man von Sparmaßnahmen, sind damit meist Stellenabbau und Serviceeinschränkungen gemeint. In der Luftfahrt ist dies nicht anders. Bei Air France/KLM sollen 2 000 Stellen wegfallen. Quantas setzt 1 500 Leute frei und bei SAS werden gar 8 600 Leute entlassen. Andere Airlines setzen auf Jobabbau durch Einstellungsstopps und natürliche Fluktuation. Das heißt, wenn Mitarbeiter kündigen, werden sie nicht mehr durch Neueinstellungen ersetzt. Die Lufthansa setzt zudem auf Kurzarbeit (ebenso wie Austrian Airlines) und bietet seinen Mitarbeitern die Möglichkeit zu unbezahltem Sonderurlaub. Auch dynamische Arbeitszeitmodelle helfen Kosten zu sparen, ohne langfristig auf bewährte Mitarbeiter verzichten zu müssen. (14), (16)

Sinkende Kerosinpreise helfen zusätzlich, den Kostendruck zu senken.

Besonders ideenreich geht Ryanair-Manager OLeary den Kosten an den Kragen: schon lange zahlen Ryanair-Kunden für jedes Gepäckstück und für das Einchecken am Flughafen extra. Zum Ende des Jahres wird der Flughafen-Check-In ganz abgeschafft, somit sind die Kunden gezwungen, zuhause online einzuchecken. Das spart weiteres Personal. OLeary dachte kürzlich sogar laut darüber nach, für den Toilettengang im Flugzeug extra zu kassieren.

Es gibt auch Gewinner in der Krise

Als Profiteure scheinen die Billigflieger aus der Krise zu kommen. So erwarten sowohl Ryanair als auch Easyjet Gewinne aus dem zum 31. März 2009 zu Ende gegangenen Geschäftsjahr. Besonders gut geht es auch der österreichischen FlyNiki, die mit einem Umsatz von fast 230 Millionen Euro immerhin einen Gewinn von über sieben Millionen Euro erzielt hat. Den Billigfliegern hilft die Tatsache, dass viele Unternehmen die Order erlassen haben, so billig wie nur irgend möglich zu fliegen, wenn es denn überhaupt sein muss. (2), (17), (18)

Mit positiven Zahlen überraschte auch die Lufthansa, die für 2008 einen operativen Gewinn von 1,35 Milliarden Euro ausweist. Und selbst für 2009 erwarten die Lufthanseaten ein positives Ergebnis von rund 600 Millionen Euro. Dabei spielen um über zwei Milliarden Euro niedrigere Kerosinkosten als im Vorjahr eine nicht unerhebliche Rolle. Eine Erholung des Marktes erwartet die Lufthansa allerdings frühestens für das Jahr 2010. (19)

Diese Einschätzung wird auch von der IATA geteilt, die für das Jahr 2010 ein leichtes Plus von ca. einem Prozent erwartet und die Erholung mit Wachstumsraten um die sechs Prozent dann ab dem Jahr 2012 prognostiziert.

Fallbeispiele

Besonders drastisch hat die Air Berlin auf die Krise reagiert. Wurde noch im letzten Jahr der zügige Ausbau von Fernstrecken in Angriff genommen, so macht man nun genau das Gegenteil. Die Strecken nach China wurden schon nach wenigen Monaten wieder eingestellt, und nun fällt ein Großteil der bisher von der LTU bedienten Pauschal-Fernstrecken nach Asien, USA und in die Karibik weg. Unklar ist, ob es sich hierbei um vorübergehende oder dauerhafte Streckenschließungen handelt. (3)

Die indische Jet Airways hat einen Teil ihrer Großraumjets an andere Fluggesellschaften verleast, um die Equipmentkosten herunterzufahren. Zudem werden einige Interkontinental-Strecken nur noch mit kleineren Flugzeugen in einer Zwei-Klassen-Konfiguration bedient. (7)

Easyjet ist einer der Gewinner aus der Wirtschaftskrise. Für das Quartal zum Ende Dezember 2008 meldete die Fluggesellschaft eine Umsatzsteigerung um 32 Prozent auf 609 Millionen Euro. Die Anzahl der Passagiere stieg um zehn Prozent auf rund zehn Millionen. Ryanair beförderte im gleichen Zeitraum 14 Millionen Menschen (plus 13 Prozent) bei einem Umsatz von 605 Millionen Euro. (17)

Zahlen & Fakten

Passagierrückgang an europäischen Flughäfen
Entwicklung von Januar bis Februar 2009

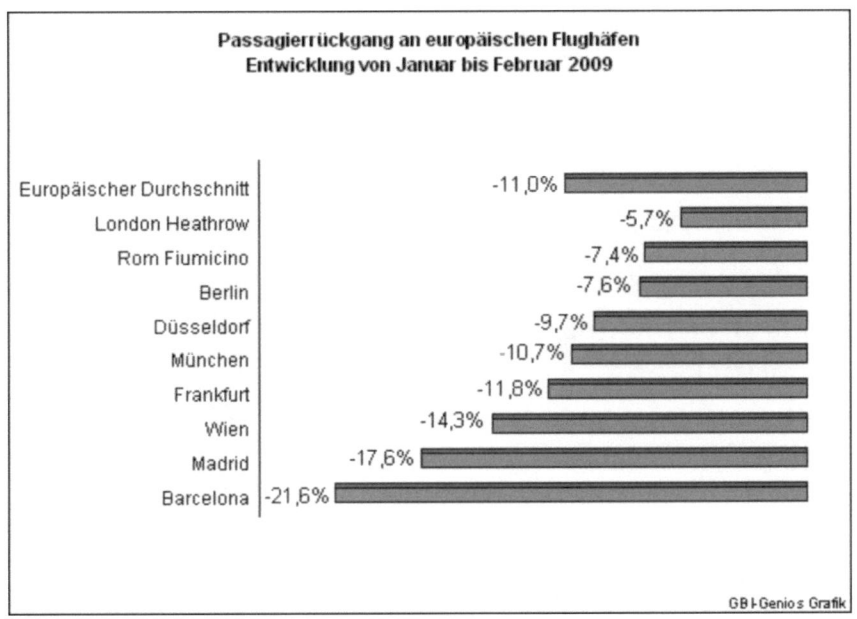

Quelle: Flughafen München

Entnommen aus: Süddeutsche Zeitung, 18.03.2009, Ausgabe Bayern, München (3)

Weiterführende Literatur

(1) Airlines fliegen in die Krise
aus Neue Zürcher Zeitung 25.03.2009, Nr. 70, S. 19

(2) Bremsspuren beim Business-Travel
aus Neue Zürcher Zeitung 27.03.2009, Nr. 72, S. 65

(3) Flaute am Flughafen
aus Süddeutsche Zeitung, 18.03.2009, Ausgabe Bayern, München, S. 37

(4) Lufthansa-Chef: "Dann platzt der Deal"
aus "Der Standard" vom 28.02.2009 Seite: 20

(5) Air France-KLM kündigt erstmals Jahresverlust an
Flugkonzern leidet unter Buchungsminus und Frachtrückgang
aus Financial Times Deutschland vom 27.03.2009, Seite 3

(6) Konjunkturkrise holt British Airways ein
Fluggesellschaft bricht mit Gewinnprognose für 2008/09 · Kurs verliert deutlich · Bürde für geplante Fusion mit Iberia
aus Financial Times Deutschland vom 27.01.2009, Seite 6

(7) Einmal Boom und zurück
aus Frankfurter Allgemeine Zeitung, 02.04.2009, Nr. 78, S. R2

(8) Krise verdirbt US-Fluglinien Erfolge
Passagierrückgang macht Sanierungsschritte zunichte · Analysten fürchten neuerliche Insolvenzen
aus Financial Times Deutschland vom 27.03.2009, Seite 5

(9) Flug auf Sicht
aus fvw Nr. 02 vom 23.01.2009 Seite 068

(10) Airlines: Wegen der Krise werden Strecken reduziert oder ganz gestrichen Urlaubern droht zwangsweise Umbuchung
aus Hamburger Abendblatt, 21.03.2009, Nr. 68, S. 6

(11) Von der Fabrik auf den Friedhof
aus "Der Standard" vom 09.02.2009 Seite: 10

(12) Die neue Überlebensklasse
aus Frankfurter Allgemeine Sonntagszeitung, 22.03.2009, Nr. 12, S. V2

(13) Im Kampf um die Lufthoheit
aus Handelsblatt Nr. 006 vom 09.01.09 Seite 12

(14) Vom Jäger und Sammler zum Hirten
aus fvw Nr. 06 vom 18.03.2009 Seite 110

(15) Türkischer Großaktionär stärkt Air Berlin Fluggesellschaft erwartet schwieriges Jahr 2009 - Operatives Ergebnis soll aber gesteigert werden - Aktie legt um bis zu 12 Prozent zu
aus Börsen-Zeitung, 31.03.2009, Nummer 62, Seite 9

(16) Grabitz, Ileana, Klüger kürzen in der Krise - Deutsche Firmen gehen in der Rezession bislang vorsichtiger mit ihren Belegschaften um als in früheren Krisen. Doch ob das so bleiben wird, ist fraglich, zeigt eine neue Studie, Welt am Sonntag, 22.03.2009, Nr. 12, S. 27
aus Börsen-Zeitung, 31.03.2009, Nummer 62, Seite 9

(17) Billigflieger gewinnen in der Krise

aus Handelsblatt Nr. 023 vom 03.02.09 Seite 15

(18) Niki schnappt AUA die Kunden weg
aus "Der Standard" vom 20.03.2009 Seite: 18

(19) Airline sagt der Krise den Kampf an Lufthansa: Kapazitätsschnitte, Kurzarbeit, Einsparungen - 2009 sinkt Ergebnis, bleibt aber "deutlich positiv"
aus Börsen-Zeitung, 12.03.2009, Nummer 49, Seite 11

Impressum

Luftfahrt in der Krise - Was tun, wenn die Passagiere ausbleiben?

Bibliografische Information der deutschen Nationalbibliothek

Die Deutsche Nationalbibliothek verzeichnet diese Publikation in der deutschen Nationalbibliografie; detaillierte bibliografische Daten sind im Internet über http://dnb.d-nb.de abrufbar.

ISBN: 978-3-7379-2979-0

© 2015 GBI-Genios Deutsche Wirtschaftsdatenbank GmbH, Freischützstraße 96, 81927 München, www.genios.de

Alle Rechte vorbehalten. Dieses Werk ist einschließlich aller seiner Teile – z.B. Texte, Tabellen und Grafiken - urheberrechtlich geschützt. Jede Verwertung außerhalb der Grenzen des Urheberrechtsgesetzes bedarf der vorherigen Zustimmung des Verlags. Dies gilt insbesondere auch für auszugsweise Nachdrucke, fotomechanische Vervielfältigungen (Fotokopie/Mikroskopie), Übersetzungen, Auswertungen durch Datenbanken oder ähnliche Einrichtungen und die Einspeicherung und Verarbeitung in elektronischen Systemen.